PANÉGYRIQUE
DE
JEANNE D'ARC

PRONONCÉ

DANS LA CATHÉDRALE LE 8 MAI 1880

POUR LE 451ᵉ ANNIVERSAIRE DE LA DÉLIVRANCE D'ORLÉANS

PAR

Mgr BESSON

Évêque de Nîmes, Uzès et Alais.

ORLÉANS
H. HERLUISON, LIBRAIRE-ÉDITEUR
17, RUE JEANNE-D'ARC, 17

1880

PANÉGYRIQUE
DE
JEANNE D'ARC

PRONONCÉ

DANS LA CATHÉDRALE LE 8 MAI 1880

POUR LE 451ᵉ ANNIVERSAIRE DE LA DÉLIVRANCE D'ORLÉANS

PAR

Mgr BESSON

Évêque de Nîmes, Uzès et Alais.

ORLÉANS

H. HERLUISON, LIBRAIRE-ÉDITEUR

17, RUE JEANNE-D'ARC, 17

1880

PANÉGYRIQUE

DE

JEANNE D'ARC

Quis ut Deus?
Qui est semblable à Dieu ?

Monseigneur [1],
Messieurs,

Ce fut le cri victorieux et triomphant qui signala dans le ciel la défaite de Lucifer, la gloire de Michel et l'éternelle pacification de la cité sainte. Mais l'archange devait montrer à la terre sa figure toute rayonnante des clartés de la victoire. Le vainqueur du démon apparut le 8 mai 480 sur les hauteur de Gargano ; l'Italie en trembla d'allégresse, et, au souvenir de l'apparition, l'Église répète aujourd'hui le cri de son triomphe : *Quis ut Deus?* Ce n'est pas tout : le vengeur de Dieu devait être le vengeur de notre patrie. L'archange, après s'être montré à l'Italie, posa son pied sur la terre de France et laissa son nom à un mont fameux baigné par les flots de l'Océan. C'est de là qu'il veille sur nous ; c'est de là qu'il part pour nous secourir. O merveilleuse coïncidence des dates, des fêtes et

[1] Mgr Coullié, Évêque d'Orléans.

— 4 —

des souvenirs ! c'est aussi le 8 mai, c'est le 8 mai 1429 que Jeanne d'Arc, suscitée, instruite, menée, soutenue par l'archange, délivre Orléans de ses ennemis et commence par ce brillant fait d'armes la pacification de toute la France.

Chantons avec les mêmes paroles un si grand événement. Il convient de célébrer, comme on les célèbre dans le ciel, la gloire de Dieu et le triomphe de la fidélité et de l'obéissance. Sur la terre comme au ciel, c'est Dieu qui a tout conduit. A Dieu toutes nos actions de grâces, et qu'elles se renouvellent, d'année en année, avec le récit de la délivrance d'Orléans. Nul autre Dieu n'a pu l'opérer : *Quis ut Deus?*

Je viens satisfaire, comme je le pourrai, à ce devoir annuel de la reconnaissance publique, sachant assez qu'en prononçant le panégyrique de Jeanne d'Arc je ferai remarquer, par un nouvel exemple, combien toute louange languit auprès de ce grand nom. Mais, pour continuer à parler la langue de Bossuet, la seule simplicité d'un récit fidèle suffit à cet éloge, et le cri de l'archange est assez fort pour l'animer : *Quis ut Deus?*

Non, personne n'est semblable à Dieu ; mais vous le savez mieux que personne, car Dieu a fait pour vous une chose admirable, merveilleuse : il a fait d'une bergère une héroïne et d'une héroïne une martyre. L'élection de Jeanne d'Arc, ses exploits, sa mort, tout révèle le doigt de Dieu. Tout est de Dieu. Voilà les trois miracles de cette grande mission. Ce sont les trois plus belles pages de notre histoire. Apprenons en les lisant comment Dieu est intervenu dans le gouvernement de la France. Cette intervention n'est qu'un long prodige, soit qu'une pauvre fille devienne l'interprète des volontés du ciel, soit qu'elle gagne des batailles avec sa bannière, soit qu'elle fasse agréer sur un bûcher le sacrifice de sa vie. C'est Dieu qui nous parle ; c'est Dieu qui combat pour nous ; c'est Dieu qui purifie et qui relève la nation.

I

C'en était fait de la France, au commencement du XVe siècle, si Dieu n'était venu à son secours. L'Angleterre en allait faire un fief mouvant de son caprice et de son orgueil. Après les batailles de Crécy et de Poitiers où le sang des preux avait coulé à si grands flots, la journée d'Azincourt, plus fatale encore, avait épuisé les dernières ressources des communes et brisé les dernières armes de la noblesse. Les fautes s'entassaient dans la politique, et les crimes, plus redoutables encore que les fautes pour le salut d'une nation, souillaient la race royale. Cette race semblait avoir abjuré pour toujours la piété et le patriotisme de saint Louis. Elle était plongée tout à la fois et dans le schisme et dans l'anarchie, soutenant à Avignon un anti-pape pour ne pas se rendre au Pape légitime, et perpétuant par deux assassinats la rivalité des maisons d'Orléans et de Bourgogne. Sur le trône un roi insensé, à côté de lui une reine coupable, une reine qui ajoute la trahison à l'adultère, déshérite son fils, marie sa fille à l'ennemi juré de la nation, et signe dans le traité de Troyes la déchéance de sa race et de sa patrie. Ainsi la France était livrée par tous ceux qui devaient la défendre. Le roi, les princes, le Parlement, l'Université de Paris, tout l'abandonne ou la trahit. La Bretagne, la Flandre et l'Anjou ne la reconnaissent plus ; Rouen a succombé, et sa chute a entraîné la perte de la Normandie. Au-delà de la Loire, ce n'est plus la France, tant on est indifférent à ses destinées. Tout le Nord insulte à ses malheurs. Paris s'oublie jusqu'à accepter le joug de l'étranger, et, pour comble d'affront, quand Charles VI descend dans les caveaux de Saint-Denis, le héraut d'armes, debout près de son cercueil, annonce que l'usurpation est consommée par l'avènement du roi d'Angleterre sur le trône de France : Vive Henri de Lancastre, roi de France et d'Angleterre!

Il me semble qu'à ce cri de perfidie et de trahison les cendres de nos vieux rois se réveillèrent avec horreur au fond de leurs tombeaux. Je vois saint Louis se lever de son trône et se présenter, avec les princes de sa race et les saints de son royaume, aux pieds de l'Éternel. Les Geneviève et les Clotilde intercèdent à leur tour dans la langue inénarrable de leur fervente louange. Dieu, malgré les prières de Clotilde, n'a pu trouver parmi les princesses de la maison de France une autre Blanche de Castille. La bergère sera plus heureuse que la reine. Geneviève obtiendra Jeanne d'Arc ; Jeanne brisera les dents du léopard, comme Geneviève a brisé la hache d'Attila.

Quelle est donc cette fille du peuple qui va sauver le roi et régénérer le pays? Peut-être une fille indignée qui a juré aux Anglais une haine éternelle, en souvenir du massacre des siens et à l'aspect des ruines fumantes de son village? Non, l'amour de la patrie l'anime ; mais il ne l'entraîne pas; on souffrait peu autour d'elle de la guerre étrangère, et les Anglais n'avaient pas foulé le sol natal. Peut-être une âme exaltée par l'imagination et nourrie de folles rêveries de l'orgueil? Non, Jeanne n'a rêvé ni la vengeance, ni les honneurs. Peut-être une pauvre malade dont la nature imparfaitement développée se prête aux hallucinations de l'esprit? Non, c'est une âme religieuse dans un corps robuste et sain; c'est une paysanne française et chrétienne. Au moins sera-t-elle dans la force de l'âge et dans toute la vigueur de son esprit? Non, c'est un enfant quand Dieu l'appelle : elle n'a que treize ans; et quand elle répond enfin à la voix de Dieu, elle n'en a que dix-sept. C'est à peine une jeune fille. Elle sera donc d'un génie aventureux et d'une intelligence vive et développée par l'étude? Non, elle sait à peine lire, et ses regards n'ont jamais pénétré au-delà de l'horizon de sa chaumière. Domremy est sa patrie ; ses parents sont de simples laboureurs « de bonne vie et renommée. » Elle est elle-même honnête, douce et chaste entre toutes ses compagnes, allant chaque jour à l'église, s'agenouillant dans la prairie au son de la cloche du soir, consolant les malades, recueillant les pauvres, quittant au besoin son lit pour les réchauffer, et se mêlant à ses amies dans les fêtes innocentes du village. Mais quand celles-ci composaient des guirlandes pour les suspendre au hêtre séculaire qui abritait leurs danses, Jeanne s'éloignait discrètement et portait ses fleurs à la chapelle de Notre-Dame de Domremy. Toute sa science est de croire en Dieu ; tout son bonheur est de l'aimer. Ah ! ne nous étonnons plus. En faut-il davantage pour que Dieu l'écoute, l'exauce et lui donne une mission? O Jeanne, vous ne savez que votre *Pater ;* mais vous avez dit tant de fois, d'un cœur si parfait, d'une bouche si pure : *Que votre volonté soit faite sur la terre comme au ciel !* Eh bien ! voici la volonté de Dieu dans le ciel ; voici comment cette volonté s'accomplira sur la terre.

Un jour d'été, à l'heure de midi, dans le jardin de son père, du côté de l'église, une lumière éclate, une voix parle, et Jeanne est bien contrainte de voir et d'écouter. Elle voit l'archange saint Michel, entouré d'esprits célestes qui ont revêtu un corps pour rendre la vision sensible. Elle entend de sa bouche « la grande pitié qui était au royaume de France. » Elle apprend qu'elle doit se préparer à le secourir, qu'il faut prier, jeûner, fréquenter l'église, être bonne fille, et que « Dieu l'aiderait ! » Ainsi sera faite la volonté de Dieu.

Jeanne s'étonne ; Jeanne répond qu'elle n'est qu'une pauvre fille, et qu'elle ne sait ni chevaucher ni faire la guerre. Mais la même lumière lui apparaît, la même voix se fait entendre ; l'archange envoie sainte Catherine et sainte Marguerite pour l'instruire à leur tour et la presser davantage. Avertie par ce commerce céleste qu'il faut purifier son âme, Jeanne fait le vœu de virginité, et les apparitions deviennent plus nombreuses, plus vives, plus pressantes. Il faut partir: Dieu le veut! Dieu le veut!

Dieu le veut et le lui répète deux ou trois fois la semaine. Il précise sa volonté; il exige qu'elle aille se présenter au sire de Baudricourt et se mettre au service de la France. Sa faiblesse s'en alarme encore, disant « qu'elle eût mieux aimé être tirée à quatre chevaux. » Mais comment tenir contre l'ordre qui la presse? Ainsi se déclare sa mission. Elle doit voir le Dauphin, lui rendre la victoire et le faire couronner. Baudricourt l'interroge et lui demande quel est son seigneur. La réponse est brève autant que précise : « Mon seigneur, c'est le Roi du ciel! »

Devant le seigneur à qui Jeanne obéit, toute autre autorité disparait. Elle quitte sa famille, qui ne lui avait donné ni permission, ni congé; elle quitte Vaucouleurs après un court séjour pendant lequel les voix reviennent pour l'instruire avec un accent plus animé encore. Le duc de Lorraine veut la voir; mais il ne saurait la retenir, car c'est auprès du Dauphin qu'il faut aller. La voilà chevauchant à travers les lignes ennemies. Elle passe la Marne, la Seine, l'Aube, l'Yonne. L'Anglais ne l'arrête pas plus que les siens n'ont réussi à prévenir son dessein. Le Dauphin est à Chinon. Jeanne l'aborde après un voyage de cent cinquante lieues; Jeanne le reconnaît, malgré le déguisement qu'il a pris pour mettre sa mission à l'épreuve; Jeanne lui demande chevaux et gens, promettant de faire lever le siége d'Orléans et de le mener sacrer à Reims, car « tel est le bon plaisir de Dieu. »

Mais la cour a aussi ses épreuves. Les seigneurs étudient le courage de la bergère et les évêques sa piété; de grossiers gens de guerre semblent douter de sa vertu. Elle répond aux indiscrets; elle confond les vicieux et les méchants; elle renouvelle son humble et confiante requête: « Gentil Dauphin, pourquoi ne me croyez-vous?

Je vous dis que Dieu a pitié de vous, de votre royaume et de votre peuple, car saint Louis et Charlemagne sont à genoux devant lui en faisant prière pour vous, et je vous dirai, s'il vous plaît, telle chose qu'elle vous donnera à connaître que vous me devez croire. » Charles y consent, et Jeanne révèle ce secret. Ce secret est une pensée que Charles n'avait confiée qu'à Dieu. Eh bien! Sire, ne doutez donc plus : Dieu est avec Jeanne.

Cependant, avant de rien décider, le Dauphin veut mener la Pucelle à Poitiers. Là est le Parlement, là siége le Conseil, là sont réunis les hommes les plus autorisés de l'Église et de l'État. « Allons! s'écrie Jeanne, allons, de par Dieu! » Encore une épreuve! encore un triomphe! A toutes les questions, la bergère n'a qu'une réponse : « Je ne sais ni A ni B ; mais je viens de la part du Roi des cieux pour faire lever le siége d'Orléans, et mener le roi à Reims, afin qu'il soit couronné et sacré. »

Six semaines s'écoulent dans ces enquêtes et ces épreuves, et Jeanne a fini par gagner tous les suffrages. Les hommes d'église rendent témoignage à sa vertu; les hommes de guerre sont émerveillés de la connaissance qu'elle a des armes. Elle prend les habits de son nouveau métier; mais elle préfère à l'épée que lui offre un roi de la terre celle que le Roi du ciel tient en réserve pour sa mission. Qu'on aille à la chapelle de Sainte-Catherine-de-Fierbois; on découvrira derrière l'autel un glaive béni, tout couvert de rouille, mais marqué de cinq croix. Le glaive est déterré, et la mission de la Pucelle apparaît avec un nouvel éclat. Qu'elle commande et qu'elle ordonne; désormais chacun s'incline, chacun obéit. Voici l'étendard qu'elle demande pour les batailles ; c'est encore l'emblème de sa divine mission : Jésus! Maria ! Quel acte de foi, quel cri de guerre! L'image de Dieu assis sur les nuées du ciel et portant le monde dans sa main, quelle nouvelle preuve qu'elle vient de Dieu et que Dieu, qui tient tout en sa main, veut rendre la France à son roi et la victoire à la France!

*

Adieu maintenant, adieu pour toujours, humble village de Domremy, paix et silence de la terre natale, douceurs sacrées du toit paternel, adieu ! La bergère ne reverra plus ni la Meuse ni les prairies qu'elle arrose ; ses mains ne manieront plus ni la houlette ni les fuseaux, et le bonheur de sa première jeunesse est passé sans retour. Adieu les joies du matin ; voici les tempêtes et les combats du midi ; mais le soir de cette vie si miraculeuse sera plein d'humiliation et de larmes. Jeanne passera du matin au soir, comme la fleur des champs. Le matin, elle fleurissait à l'ombre des autels, avec quelle grâce, vous le savez ! et le soir elle s'évanouira dans les flammes d'un bûcher que ses pleurs auraient dû éteindre, si les pleurs de l'innocence avaient ici-bas quelque empire.

Mais quand la vierge ne sera plus, quand ses cendres auront été jetées au vent ou noyées dans les flots, on connaîtra dans le monde le sein qui l'a nourrie et les flancs qui l'ont portée. Un jour, Isabelle Romée, sa mère, quittera Domremy, s'appuyant sur le bras de ses fils et tenant dans la main le rescrit par lequel le Pape ordonne la révision du procès de sa fille ; elle viendra, magnanime et suppliante à la fois, présenter sa requête aux tribunaux de Paris pour obtenir une réhabilitation qui était déjà faite dans tous les cœurs. Elle racontera qu'elle avait appris à Jeanne à invoquer Jésus et Marie; que ses délices étaient de se cacher dans l'ombre du village pour y prier longtemps; qu'elle a pleuré en s'éloignant du village et que, si elle a désobéi une seule fois à son père, c'était pour obéir à son Dieu. Ses soupirs et ses sanglots parleront plus haut que ses discours. Isabelle Romée sera exaucée : la bergère de Domremy sera réhabilitée à tout jamais, et Voltaire viendra trop tard pour lui ravir la gloire de sa pudeur.

Mais, avant même que cette mère vénérable ait obtenu d'être entendue et l'Église d'être exaucée, un archevêque de Rouen, un cardinal, un légat, Guillaume d'Estouteville, avait, de son propre mouvement, commencé, au nom de la France et de l'Église, une enquête de réhabilitation sur la bergère de Domremy. Il voulait faire amende honorable pour l'évêque coupable qui avait condamné la Pucelle, pour la ville qui avait été témoin de son supplice, pour le roi qui l'avait oubliée. Ah ! pardonnez-moi d'interrompre l'ordre de mon histoire. Je parle de la réhabilitation avant d'avoir parlé de la condamnation. Je cite les tenants de la bonne cause avant d'avoir flétri les juges iniques et prévaricateurs. C'est une consolation pour un cœur français de répondre par avance à la calomnie par les louanges qui ont effacé cette souillure impie et sacrilége. C'est pour nous-même un devoir autant qu'un honneur de rappeler que Guillaume d'Estouteville, l'éloquent avocat de Jeanne d'Arc, a gouverné pendant neuf ans le diocèse de Nîmes. Puisqu'il me fallait monter dans cette chaire pour prononcer ce panégyrique, j'ai consulté des yeux, dans la galerie de mes vénérés prédécesseurs, cette noble et grande figure ; je la voyais s'animer au nom de Jeanne d'Arc, et cette bouche muette prenait une voix pour me dire : « C'est moi qui ai connu, étudié, vengé le premier la bergère de Domremy. Quoi ! après quatre siècles, elle ne serait pas sortie encore, pure et radieuse, de toutes les enquêtes entreprises sur sa vertu et sur sa mission ! Arrière donc, arrière les puériles explications que le rationalisme a inventées dans le siècle présent ! Arrière les honteuses railleries du siècle passé ! La haine de l'étranger n'était pas plus injuste que l'impiété ingénieuse de vos contemporains. Pour qu'une bergère de treize ans conçoive et entreprenne ce grand ouvrage, il faut que le ciel lui apparaisse, qu'il lui parle par ses anges, qu'il la réconforte par ses saints ; qu'il lui communique tout ensemble et du premier coup la science des armes, la sagesse des conseils, la hardiesse des démarches, la vivacité impétueuse et ferme de l'esprit, de la parole et de l'action. Elle a entendu, et elle a obéi ; elle est allée où Dieu l'appelait. Voilà tout le mystère. »

Dieu l'appelait à Orléans. Personne ici du moins n'en

a douté, et c'est bien ici qu'il convient de célébrer sa mission, puisque vous en êtes depuis quatre siècles les témoins, les avocats, les perpétuels panégyristes.

II

Orléans était alors la tête et le cœur de la France, et les dernières clés qui restaient à prendre pour achever la conquête de ce beau royaume étaient les clés de votre cité. La Hire, Dunois, Xantrailles, les plus fameux guerriers du siècle, les tenaient encore dans leurs vaillantes mains, disputant depuis sept mois le terrain à l'ennemi, et couvrant la place de leur nom encore plus que de leurs soldats. Mais les forces humaines étaient à bout. Plus de munitions, plus de vivres; les Anglais achèvent leurs bastilles, resserrent leurs positions, se fortifient par de nouveaux boulevards au nord et à l'est de la ville, et en rendent le blocus plus étroit et plus affreux. La famine est là avec toutes ses horreurs. Encore quelques jours, vos murailles tombent, et la France entière périt avec elles.

Voici le secours ; c'est le secours de Dieu même. Regardez cette troupe qui sort de Blois avec une confiance tranquille. Une femme la commande, et tout est nouveau dans le cortége qu'elle mène avec elle. Ne l'appelez ni Débora, ni Jahel, ni Judith ; comme les héroïnes de l'ancienne loi, elle porte le glaive, mais jamais son glaive ne se teindra du sang de l'ennemi. Ce glaive étincelle à son côté ; c'est assez pour qu'il se fraie un passage. Elle agite sa bannière où est peinte l'image du Roi du ciel ; c'est assez pour que l'ennemi soit saisi d'un respect involontaire, comme le serviteur rebelle à l'aspect d'un maître qu'il n'attendait pas. Ainsi se lève la nouvelle Débora, plus virile encore que la première. Elle obéit aux ordres du Seigneur : *Surge, surge, Debora, et loquere canticum* [1].

Mais quel cantique! C'est le *Veni Creator* de la loi nouvelle; c'est le chant qui présidera à la bataille de Bouvines. Jeanne l'entonne en ouvrant la marche, et les soldats le chantent avec elle. Quels soldats! encore une nouveauté! des soldats confessés la veille, sur l'ordre de Jeanne, des soldats qui ont renoncé à la licence des camps. Quel langage et quel commandement! Aux Anglais la sommation de quitter le pays : « Je suis cy venue de par Dieu le roi du ciel pour vous bouter hors de toute la France. » A Dunois : « Le conseil de Dieu est plus fort et sage que le vôtre. » Dunois s'incline devant ce commandement suprême. La Loire est franchie; le convoi de vivres que Jeanne amène avec elle est introduit dans la ville; Jeanne y entre elle-même, armée de toutes pièces, montée sur un cheval blanc, précédée de sa bannière. Les grands l'accompagnent; le peuple la suit; toute la cité l'acclame et la salue. Où mettra-t-elle pied à terre, sinon à la porte de cette cathédrale, pour rendre à Dieu la gloire qu'il lui envoyait ? C'est déjà la gloire, tant on est sûr qu'elle vient au nom du Seigneur, tant les citoyens et les soldats se trouvent, selon l'expression d'une naïve chronique, « réconfortés et comme désassiégés par la vertu divine qu'on leur avait dit être dans cette simple Pucelle. »

Hier, tout était abattu et désespéré; aujourd'hui, tout change de face. Bientôt ce n'est plus Orléans qu'on assiége; c'est le camp ennemi qu'assiége la Pucelle d'Orléans. Jeanne monte à cheval et reprend dans quatre jours toutes les positions que les plus vaillants capitaines n'avaient pu défendre en sept mois. Saint-Loup, les Augustins, les îles de la Loire, tout est rendu. S'il faut

---

[1] *Judic*, v, 62.

quelque relâche entre les combats, c'est dans le jeûne, la prière et la communion que l'héroïne reprend courage. N'allez pas croire qu'on fermera les églises pour ne songer qu'aux camps et aux remparts. Jamais les solennités de la religion n'ont été célébrées avec plus de pompe; jamais on ne verra un peuple ni mieux combattre, ni mieux prier. Jeanne est partout la première. Chantez, nouvelle Débora, chantez toutes les fêtes de cette glorieuse semaine. C'est l'Ascension avec toutes les espérances qu'elle nous donne pour le ciel; c'est l'Invention de la sainte Croix, cet anniversaire triomphal qui a donné son nom à cette cathédrale, et qui fait du 3 mai comme la vigile anticipée d'un autre triomphe pour la France et pour Orléans : *Surge, surge, Debora, et loquere canticum.*

Restait le fort des Tourelles à prendre et Talbot à chasser. Les capitaines, contents d'avoir ravitaillé la place, jaloux peut-être de la gloire de Jeanne, opinaient pour s'enfermer dans Orléans et pour attendre du temps et de la politique une délivrance complète. Mais Dieu ne laissera pas son ouvrage aux mains de ces timides gens de guerre. Jeanne le déclare bien haut : « Vous avez été à votre conseil, et j'ai été au mien; croyez que le conseil de Dieu s'accomplira. » Elle revient donc à l'assaut des Tourelles, et l'assaut recommence sous sa conduite. Elle descend dans le fossé; elle dresse une échelle contre le parapet; elle monte, et voilà qu'un coup d'arbalète l'atteint à l'épaule et la perce de part en part. Elle a peur; elle verse des larmes, parce qu'elle est femme. Mais l'héroïne et la sainte prennent le dessus : les voix lui avaient prédit qu'elle serait blessée; elle arrache le fer, elle bande sa plaie, elle crie avec une nouvelle vigueur : « Ne craignez pas; la place est vôtre. » Qu'on ne lui parle pas d'attendre au lendemain; l'assaut à peine suspendu est déjà repris, et l'Anglais regarde avec une muette stupeur cette femme qu'il croyait avoir tuée. O stupeur! Voilà qu'ils l'entendent : « Glacidas ! Glacidas ! crie-t-elle à leur chef, rends-toi, au nom du Roi du ciel; j'ai grand pitié de ton âme. » Les Tourelles sont prises ; le pont, attaqué par les flammes, cède de toutes parts ; la Loire ensevelit l'ennemi sous ses flots ; la Loire est redevenue française : Orléans est délivré !

Chantez, ô Débora ! chantez un nouveau cantique au Seigneur. Mais Jeanne, laissant à vos pères toutes les jouissances de la victoire, ne songe plus qu'à en assurer les fruits. Les clés de votre bonne ville sont dans sa main, et avec ces clés si glorieuses elle ouvrira partout au roi les portes des villes. Blois, Tours, Chinon, où elle ne fait que paraître, ont à peine le temps de la saluer. A peine jette-t-elle un regard sur les lis que Charles détache de sa couronne pour lui faire des armoiries. L'héroïne n'a plus qu'une pensée : affermir cette couronne sur la tête du prince. Elle se jette à ses pieds ; elle embrasse ses genoux ; elle le presse avec des supplications pleines d'autorité : « Venez au plus tôt à Reims pour recevoir votre sacre. » Et pendant qu'elle suppliait et qu'elle parlait, les voix d'en haut encourageaient sa pieuse audace : « Va, fille de Dieu, va, je serai ton aide ! »

Comment cependant aller à Reims en laissant les Anglais derrière soi ? Ils tiennent encore Beaugency, Meung, Jargeau, toutes les places de quelque renom. Jeanne arrive sous les murs de Jargeau ; la trompette sonne, et l'assaut commence. Elle a pris le commandement même sur le duc d'Alençon, qui est du sang royal. « En avant, gentil duc, à l'assaut ! » Le duc hésite ; Jeanne n'hésite pas : « Il faut besogner quand Dieu veut. Travaillez, et Dieu travaillera. » Le duc s'arrête un moment : « Ah ! gentil duc, as-tu peur ? » Le duc marche ; la ville est emportée, mais les Anglais ne veulent se rendre qu'à la Pucelle, tant ils sont frappés du rayonnement de son visage et de l'éclat de sa parole.

Patay verra s'évanouir leurs dernières espérances ; Patay où l'impétuosité qu'elle communique tient du prodige ; Patay où la fuite de l'ennemi est si rapide qu'il faut, pour les atteindre, un effort suprême des chevaux et des cavaliers; Patay où Talbot est forcé de se rendre et de s'écrier : « C'est la fortune de la guerre ! » L'Anglais se trompe : c'est l'ordre de Dieu, et Patay a vu, il y a dix ans, contre un autre ennemi, tout ce que peut la foi et la piété des braves. Il a vu flotter l'étendard du Sacré-Cœur dans les lieux mêmes où avait flotté la bannière de Jeanne d'Arc ; et là nos preux, ne pouvant vaincre, — Dieu ne le voulait pas, — ont su mourir. O Patay, ô ville prédestinée, gardez-nous cette gloire qui console ; que votre nom rappelle au monde comment se battent les hommes qui prient, et que tomber comme ces héros, c'est aussi triompher.

Une semaine avait suffi pour achever la campagne de la Loire. Jeanne marchait vers Reims, mandant aux habitants de toutes les villes les choses qui venaient de s'accomplir, « plus par grâce divine que par œuvre humaine. » Troyes veut résister. « A l'assaut ! » s'écrie Jeanne ; et sa voix, plus forte que les trompettes de Gédéon, fait ouvrir les portes de la ville. Châlons ne songe pas même à fermer les siennes. Reims envoie des députés pour affirmer sa soumission et sa joie ; le roi est à Reims, et Jeanne entre, à côté du roi, dans la métropole de la Gaule chrétienne. Voici le jour du salut ! C'est pour la première fois depuis Clovis que les regards du peuple se partagent entre le roi et un de ses sujets. Le successeur de saint Rémy est à l'autel ; le successeur de saint Louis est sur son trône ; l'huile sainte coule sur le front de Charles VII, et la couronne est déposée sur sa tête. Mais, près du trône et de l'autel, Jeanne est debout, son étendard à la main. « Cet étendard avait été à la peine ; c'était raison qu'il fût à l'honneur. »

C'était l'honneur et la peine de l'héroïne d'avoir délivré Orléans en quatre jours, chassé les Anglais en une semaine tout le long de la Loire, mené le roi à Reims à travers un pays assiégé par l'ennemi, et rendu à la France son maître et sa liberté. Mais quelle peine et quel honneur plus grand encore d'avoir démontré sans réplique que sa mission vient de Dieu, en forçant toute une armée à la reconnaître avec elle! Par elle, La Hire renonce à blasphémer; Dunois prend l'habitude de la prière; les courtisanes s'enfuient, et elle brise sur leur dos l'épée de sainte Catherine; les soldats, à force de révérer sa pudeur, deviennent eux-mêmes de pudiques soldats. Elle prie pour l'Anglais au lieu de le frapper, et quand l'Anglais va mourir, elle l'adjure de songer à son salut. Quelle peine et quel honneur que d'avoir montré en même temps toute l'habileté d'un capitaine, toute la simplicité d'une bergère et toute la piété d'une sainte! Quelle peine et quel honneur que d'avoir empêché le pillage et la violence, sauvé le vainqueur de ses propres excès, pansé avec la même charité les blessures des siens et celles de l'ennemi! Et les miracles de foi, de zèle, de science, de générosité, de vaillance et de grandeur d'âme, elle les a accomplis de par Dieu, en touchant du bout de son étendard l'Anglais qu'elle accablait, le Français dont elle relevait le courage, les villes qu'elle couvrait de sa protection, et les camps qui se dispersaient devant elle, balayés comme la poussière par le souffle sorti de ce drapeau mystérieux. Puisque ce drapeau avait été ainsi à la peine, c'était raison qu'il fût à l'honneur.

Ah! je peux bien le saluer ici encore une fois. C'est ici que fut sa première peine et son premier honneur. Ici, tout en consacre le glorieux souvenir. Jeanne a sa statue, son musée, son histoire gravée sur le bronze, peinte bientôt dans les verrières de votre cathédrale, décrite avec l'or et la soie dans des images qui défient les ravages du temps. Cette histoire est gardée dans vos cœurs autant que dans vos esprits, avec la fidélité d'une impérissable reconnaissance. C'est pourquoi les révolutions n'altéreront jamais le caractère national de la cérémonie qui nous rassemble. Cet Évêque et ces prêtres, ces guerriers, ces magistrats, toute cette foule qui remplissait hier les places et les rues, et qui se presse ce matin à cette messe d'actions de grâce, que sont-ils, sinon les clients de Jeanne d'Arc et les obligés de sa gloire? Orléans fut de toutes les villes de France celle qui est restée la plus française. Agréez que je vous le rappelle, et puisque vous êtes toujours à la hauteur de ces destinées, agréez aussi que, malgré tout votre mérite, je ne vous décerne plus d'autre louange.

Jeanne d'Arc et Orléans, noms inséparables dans l'épreuve, dans le combat, dans la renommée! Mais pour que cette union fût encore plus immortelle, Dieu l'a scellée dans notre siècle par les soins et la main d'un grand Évêque, en sorte que le nom de votre ville rappelle à tout jamais l'héroïne qui l'a sauvée et le pontife qui a tant de fois célébré sa gloire et la vôtre.

Comme Jeanne, Dieu l'a fait sortir de la poussière pour l'élever parmi les princes de son peuple. Dieu mit sur ses lèvres comme sur les lèvres de Jeanne l'accent de la tendresse et du commandement, avec ce je ne sais quoi de vif, d'entraînant et de contagieux qui courait comme la flamme, frappait comme l'épée et guérissait, comme le baume, toutes les blessures de l'âme.

Dieu le fit combattre sous la mitre comme Jeanne sous le casque, sans lui laisser jamais le temps de demander en face de l'ennemi : « Combien sont-ils? combien sont-ils? » tant il l'avait fait hardi dans les batailles, ardent à l'attaque, prompt à la réplique, prêt à braver toutes les disgrâces et tous les périls.

Dieu le mit aux prises avec toutes les impiétés et toutes les erreurs, ayant fait de lui, comme de Jeanne d'Arc, le chevalier de la bonne cause. Dieu lui a donné, comme à Jeanne d'Arc, l'orgueil à dompter et la faiblesse à défendre. Ah! l'orgueil, ce n'est plus un léopard enivré de sang et assis sur les ruines fumantes du trône et de la patrie : c'est l'athéisme qui s'étale avec l'impudeur de ses négations, la licence de ses mauvaises mœurs et le rire imité des livres de Voltaire. Eh bien! il a tout combattu, tout démasqué, tout flétri. La faiblesse, ce n'est plus seulement la France envahie; c'est le Pape détrôné, la foi arrachée de ses fondements, l'enfance et la jeunesse demeurant sans défense, la Pologne en deuil, l'Irlande affamée, toutes les nobles causes dans la détresse et la désolation. Eh bien ! il entend tous les cris de douleur, et il porte secours à tous les déshérités de la terre, à tous les délaissés de la politique. Il a vengé le Pape, nourri l'Irlande, honoré la Pologne ; il a plaidé et a gagné trois fois le grand procès de la liberté de l'enseignement. Mon Dieu ! s'il faut le plaider encore, donnez-nous son courage, son dévoûment, son éloquence. Mon Dieu ! menez-nous encore à la peine, dussions-nous n'être jamais à l'honneur, pourvu que le drapeau ne tremble pas dans nos mains. La peine pour nous, et l'honneur pour la France !

La France ! Ah ! il eût manqué à votre grand Évêque un trait de ressemblance avec Jeanne d'Arc, s'il n'avait eu à la défendre contre l'étranger. Orléans est de toutes les guerres et de toutes les épreuves. Jeanne repousse l'étranger, et grâce à elle le pied de l'Anglais n'a pas foulé votre sol. Quatre siècles plus tard, Orléans tombe aux mains d'un autre ennemi ; mais votre Évêque était là, fier, éloquent, indigné, résistant au vainqueur sans l'offenser, et demeurant dans son palais parmi les princes de l'Allemagne, maître de sa parole, de sa plume et de son cœur, plus Français que jamais, plus que jamais Évêque et pasteur de vos âmes. Jeanne aimait son épée et cent fois plus encore son drapeau ; l'Évêque de Jeanne d'Arc aimait la France, et cent fois plus encore la religion, la religion catholique sans laquelle la France n'aurait pas été, sans laquelle la France ne serait plus. La Pucelle d'Orléans avait été forte, douce, tendre et compatissante. L'Évêque d'Orléans, plus tendre et plus aimant encore, ne cesse de prêcher l'union au milieu des discordes, la paix au milieu des batailles, le pardon au milieu des ennemis. C'est le même drapeau : c'est le drapeau de Dieu. C'est le même qui fut à la peine, un an dans les mains de Jeanne, cinquante ans dans les mains de l'Évêque. Prenez-le, Monseigneur, aux pieds de cette statue tant de fois saluée, pour le porter sur le tombeau de votre immortel prédécesseur. C'est vous que le grand Évêque a choisi pour le recevoir et le porter après lui. Votre louange est de le tenir d'une main aussi vive et aussi ferme que la sienne ; notre consolation est de savoir qu'avec vous, comme avec lui, ce drapeau sera à la peine et, s'il plaît à Dieu, à l'honneur.

III

Ceux qui se laissent maîtriser aux événements et à la fortune, comme dit Bossuet, croient communément qu'après la délivrance d'Orléans et le sacre de Reims la mission de Jeanne d'Arc était finie, et qu'il ne lui restait plus qu'à jouir de l'honneur sous le drapeau de sa peine.

Mais qu'eût-elle fait de ce drapeau, et où l'eût-elle porté? A la cour? Il eût rougi de honte à l'aspect des scandales. Dans la maison de quelque chevalier qui aurait épousé sa fortune? Mais sa gloire en eût été diminuée, et là Jeanne eût elle-même perdu son nom et sa plus belle couronne. Dans un cloître? Mais le cloître l'aurait enseveli; et là, si Jeanne eût été en spectacle aux anges, elle n'aurait plus servi d'exemple aux hommes. Non, le cloître lui-même n'est pas digne de Jeanne d'Arc. Ce n'est pas du cloître, c'est du bûcher que cette colombe doit s'envoler pour remonter au ciel.

Que lui reste-t-il donc à faire pour achever sa mission? Il lui reste à souffrir, il lui reste à mourir.

Bien souffrir c'est combattre, et bien mourir c'est vaincre [1].

[1] Henri de Bornier, *Les Noces d'Attila*.

J'emprunte ce vers à un poète qui a chanté la fille de Roland aux prises avec l'adversité, et qui est plus capable que tout autre de chanter Jeanne d'Arc, cette autre héroïne dont l'épopée tant de fois essayée est encore à raconter sur la lyre française. Écoutez la passion et la mort de Jeanne d'Arc, et vous verrez que, bien loin d'être achevée, sa mission se continue jusque dans la défaite, dans l'abandon, dans la captivité, dans le supplice, jusqu'à ce qu'il ne reste plus de cette fille de douleur ni chair, ni ossements, ni cendre.

Il fallait souffrir pour expier deux siècles d'erreurs et de scandales ; car, après saint Louis, la France s'était oubliée dans la violence, dans le schisme et dans la débauche. Le soufflet que Philippe-le-Bel avait donné au Pape par la main de Nogaret retentissait encore dans l'Europe chrétienne ; nos armes, après avoir tant de fois servi l'Église, commençaient à se tourner contre elle ; les rois, pour l'offenser, employaient, à défaut des armes, des chicanes de palais ; on demandait aux gens de loi des chaînes pour l'asservir ; l'esprit français, naturellement droit et élevé, se faisait, jusque dans les Conciles, subtil et tortueux pour continuer le schisme d'Avignon. Mais la licence des mœurs dépassait toutes les bornes. Plus familière que jamais aux gens de guerre, elle commençait à infecter les gens d'église. Plusieurs chaires épiscopales n'étaient pas sans reproche, car les bénéfices qu'on avait accumulés pour les enrichir les entraînaient sous le poids de ces richesses mal acquises. Les pierres des monastères, sorties de leurs assises, se traînaient indignement dans la boue des places publiques. La cour enfin, devenue le théâtre de l'assassinat, étalait au grand jour toutes les plaies de la corruption publique. Charles-le-Sage n'était plus. Des deux autres Charles qui avaient hérité de son nom et de son trône, l'un avait eu Isabeau de Bavière pour son épouse, l'autre avait pris Agnès Sorel pour compagne. C'était la débauche après l'adultère. Ainsi le puits de l'abîme demeurait ouvert, et la fumée de la contagion continuait à obscurcir sur la terre de France la vérité, la vertu et l'honneur.

Comment obtenir le salut de la France, à moins que le juste ne souffre et ne meure pour les coupables? Dieu s'est choisi une victime pure dont le sang répandu sera à ses yeux un sacrifice d'agréable odeur. Il avait pris Jeanne d'Arc dans la bassesse pour l'élever à la gloire. Voilà qu'il la prend, toute revêtue de gloire, pour l'élever, de douleur en douleur, jusqu'au martyre. Si Jeanne d'Arc n'avait su que combattre et vaincre dans les batailles, si sa piété et son courage n'étaient pas relevés par la souffrance, si sa vie s'était achevée au milieu des témoignages de la reconnaissance publique, la France la compterait parmi les Duguesclin, les Clisson et les Condé ; l'Église la mettrait en parallèle avec les Jahel, les Judith et les Débora. Mais après son supplice, c'est parmi les apôtres et les martyrs qu'elle ira s'asseoir, et au-dessus de son bûcher l'histoire ne verra rien de plus grand que la croix même de Jésus-Christ.

C'est dès le lendemain du sacre que le mystère de cette passion commence. Jeanne conseille encore ; mais on cesse déjà de l'écouter. Elle conseille de marcher sur Paris, et Paris se serait rendu au roi si le roi, profitant de l'enthousiasme du peuple, eût pris le parti de continuer sa route au lieu de négocier. Les négociations rompues, l'armée arrive sous Paris ; mais Paris a fermé ses portes, et il faut l'attaquer. Jeanne commence l'attaque ; mais le roi ordonne qu'on la suspende. Jeanne est blessée, et malgré sa blessure elle pressait les siens d'être fermes et de monter à l'assaut ; ses voix l'assuraient que Paris serait au roi. Le roi ne veut rien entendre. Elle a beau prédire la victoire ; on l'empêche de la gagner, et on lui reproche de l'avoir perdue. Cependant ses voix lui parlaient toujours, continuant à lui affirmer « qu'il fallait bouter les Anglais hors de France. » Déjà elles n'annoncent plus qu'elle triomphera, mais qu'elle sera prise, jetée en prison, brûlée toute vive. Elle s'attriste, mais elle demeure. O malheureuse héroïne ! ne faut-il pas un sublime dévoûment pour la retenir sous les armes quand on ne veut plus l'entendre ? Ce n'est pas assez. Elle s'enferme à Compiègne et s'efforce d'éloigner, par des sorties habilement conduites, le Bourguignon qui l'assiége. Mais ces sorties n'inspirent plus de confiance, et quand elle court à l'ennemi, c'est à peine si on veut la suivre. Elle recule vers les portes, et les portes se ferment comme pour la livrer. Elle est abandonnée par ceux mêmes qu'elle était venue sauver. Elle est prise aux pieds mêmes des murailles qu'elle venait défendre ; elle est prise, et elle est vendue ! Honte aux Bourguignons qui la vendent ! Honte aux Anglais qui l'achètent ! Elle est trahie, vendue, achetée comme Jésus-Christ.

Voici donc l'heure des méchants et de la puissance des ténèbres : *Hæc est hora vestra et potestas tenebrarum* [1]. On mène Jeanne de prison en prison, à Beaulieu, à Arras, au Crotoy, tour à tour insultée par les impies, reniée par les lâches, abandonnée par les politiques. Sur ce chemin douloureux, elle eut aussi ses Véroniques aux mains compatissantes, car les dames d'Abbeville viennent essuyer ses larmes et baiser ses chaînes. Rouen fut la dernière prison de cette servante du Christ, si éplorée et si semblable à son divin Maître. Rouen, cette ville si française aujourd'hui, était la proie de l'étranger. Mais déjà la Normandie rentrait de toutes parts sous l'obéissance française, et des échecs réitérés attestaient jusqu'aux portes de Rouen que la fin de la domination étrangère était arrivée.

Ah ! si ce n'eût pas été l'heure des ténèbres, n'était-ce pas à l'Angleterre d'ouvrir les yeux et d'avouer que le nom de Jeanne suffisait pour gagner des batailles ? Mais que reprochons-nous à l'Angleterre, ingrats que nous sommes, nous qui laissons notre libératrice dans les fers ? Aussi comme l'ennemi profite de cette heure fatale ! Il faut se hâter, flétrir Jeanne avant de la tuer et disperser ses

---

[1] Luc, XXII, 53.

cendres, de peur qu'en les mêlant à la terre elles en fassent sortir des braves qui la vengent. Toutes les rigueurs et toutes les perfidies seront employées dans son procès ; toutes les autorités ecclésiastiques et séculières concourront à la condamner ; toutes les puissances de l'enfer pèseront sur sa tête du poids de leur fureur. Elle aura pour prison une cage de fer, un évêque pour juge, mais un évêque traître à sa patrie. A côté de Caïphe, des assesseurs semblables à lui, les scribes de la fausse science et de la chicane. Et au-dessus de ce tribunal, Vinchester et Bedfort, les deux oncles du roi d'Angleterre, l'un qui devrait couvrir Jeanne de sa pourpre, s'il était digne de la porter ; l'autre qui devrait déposer devant elle l'épée de régent, si ce n'était pas le glaive de la tyrannie et de l'usurpation.

Ah ! que ne puis-je détourner mes regards de ce tribunal odieux ! Il me fait peur, car on y voit jusqu'où peut aller l'hypocrisie, la servilité, la bassesse, la cruauté, jusque sous la mitre d'un évêque oublieux de son caractère et de ses devoirs, jusque sous le dais où siégent les princes de la terre. C'est Jeanne qu'il faut voir, Jeanne qu'il faut entendre pour nous consoler de tant de honte et de forfaits. On l'interroge sur ses visions, et elle les affirme. Mais le juge s'écrie, comme Caïphe en entendant Jésus-Christ : « Elle a blasphémé : *Blasphemavit.* » On lui demande si elle est dans la grâce. Si elle dit : non, quel aveu ! Si elle dit : oui, quel orgueil ! Elle répond avec autant de sagesse que de modestie : « Si je n'y suis, Dieu veuille m'y mettre ; et si j'y suis, Dieu veuille m'y garder. » Lui reproche-t-on d'avoir quitté les habits de son sexe : « Je n'ai rien fait que par le commandement de Dieu. » Veut-on savoir si les voix des saintes l'entretiennent encore : « Elles viennent de me dire de vous répondre hardiment. » Et c'est avec cette sainte hardiesse qu'elle déclare à ses juges qu'avant cinq ans les Anglais seront hors de France, car sainte Catherine et sainte Marguerite l'ont affirmé. Toujours la même mission, toujours la même constance à la prêcher et à la soutenir !

Cependant tout s'accomplit selon les formes prescrites, car les hommes, pour servir leurs passions, ont toujours soin de se conformer au texte et à la lettre de quelque loi; car il existe toujours une loi pour attaquer l'innocence, toujours des docteurs pour interpréter cette loi contre la vérité, toujours des juges pour appliquer cette loi, malgré la justice. On accuse Jeanne d'Arc; elle répond; mais dans le résumé de l'accusation, les réponses ne sont pas même mentionnées. On demande à vingt docteurs leur avis, et les questions qu'on leur pose insinuent l'approbation qu'on en attend. On souhaite l'adhésion du chapitre de Rouen; l'adhésion se fait attendre, et on saura s'en passer. On en écrit à l'Université de Paris, et ce corps, gagné par l'argent ou saisi par la terreur, trahit la France et la vérité. Ce suffrage obtenu, il reste à effrayer la prisonnière par l'appareil et le cérémonial d'une grande démonstration. Amenée au cimetière de Saint-Ouen, en face de toutes les majestés de la terre, Jeanne est encore interrogée, et on la presse de se soumettre à l'Église. Elle invoque le Pape; elle accepte le Concile. « Mais le pape est trop loin ! s'écrient les accusateurs. C'est à votre pontife que vous devez obéir, » et le pontife, en qui l'on ne sait ce qui domine le plus ou de la haine de Caïphe, de l'avidité de Judas ou de la politique de Pilate, ce pontife ose dire : « L'Église, c'est moi ! » « L'Église, c'est lui ! » répétait-on autour de Jeanne d'Arc, et Jeanne, épuisée par la lutte, étourdie par ces conseils, ces menaces, ces prières, laisse tomber ces mots : « Je me soumets à l'Église. » Vite, qu'on enregistre ce désaveu, et qu'elle en signe la formule : Jeanne s'est rétractée. Qui se scandaliserait de cette défaillance? C'est la défaillance de la nature et non de la foi, car on a trompé sa foi pour l'obtenir. Non, l'Église, ce n'est point un évêque plein d'artifice et de haine qui en usurpe l'autorité; l'Église, c'est le Pape. Le Pape un jour parlera, et tout ce jugement sera renversé de fond en comble.

Jeanne a signé un désaveu. Son juge s'en empare et la condamne à la pénitence. Ainsi Pilate, pour apaiser la foule, condamnait le Christ à être fouetté. Mais l'étranger veut plus qu'une condamnation : c'est un supplice qu'il demande ! Déjà le roi d'Angleterre se plaint d'être mal servi ; César n'est pas content. Brûlez-la, brûlez-la ! *tolle ! tolle ! crucifige eum* [1] !

Cependant Jeanne, reconduite dans sa prison, y reprend avec ses habits de soldat tout le courage de son innocence et toute la grandeur de sa mission. Sa mission, elle l'affirme encore : « Si je disais que Dieu ne m'a pas envoyée, je me damnerais. » Ses révélations, elle les répète : « Croyez-vous que vos voix soient sainte Catherine et sainte Marguerite ? — Oui, je crois qu'elles sont de Dieu. » Ah ! quelle joie pour l'étranger ! Leur victime ne leur échappera plus. Pilate lui-même, plus criminel que le gouverneur de Jérusalem, partage cette joie infernale : « Réjouissez-vous, » dit-il aux persécuteurs ; et il leur livra Jeanne pour être brûlée.

Lisez la sentence qu'on a rendue contre elle. Cette sentence n'est qu'un mensonge. On l'appelle hérétique, elle qui s'en est rapportée au Pape et à l'Église ; idolâtre, elle qui n'adore que Dieu, et qui n'implore que Marie, les anges et les saints ; excommuniée, elle à qui les juges ont donné la communion le matin même de son supplice ; cruelle, cette héroïne qui n'a pas tué un seul ennemi ; dissolue, cette vierge que ses juges ont trouvée vierge, malgré ses persécuteurs, ses gardiens et ses bourreaux. Mais elle est relapse ! Eh bien, j'en tombe d'accord, si c'est être relapse que de retomber dans l'héroïsme de la vaillance, de la prière et de la charité.

Qu'elle aille donc à cette place du Vieux-Marché de Rouen où le bûcher s'allume et où les bourreaux s'ap-

---

[1] Joan. XIX, 15.

prêtent. Elle pleure sur Rouen, comme Jésus-Christ pleurait sur le sort de Jérusalem infidèle : « Rouen ! Rouen ! j'ai grand peur que tu n'aies à souffrir de ma mort. » Elle apostrophe celui qui fut pour elle Caïphe, Pilate et Judas : « Évêque, je meurs par vous. » Elle prie pour le roi, et ce roi l'a laissée mourir. Elle prie, comme Jésus, pour ses juges et pour ses bourreaux. Que lui reste-t-il donc pour lui donner tant de courage à l'heure suprême ? Son Dieu, et c'est assez. Elle pleure ; mais ses larmes tombent sur une pauvre croix de bois qu'elle tient à la main. Les flammes montent et commencent à l'envelopper ; mais ses yeux, s'élevant au-dessus des flammes, cherchent et saluent encore l'image de son Dieu, qu'un prêtre intrépide lui montre de loin. *Mon Père,* s'écriait Jésus ! « Jésus ! Jésus ! » s'écrie Jeanne d'Arc. Autour de la croix du Calvaire, les anges de la paix venaient pleurer sur Jésus agonisant : *Lugete pacis angeli.* Autour du bûcher de Rouen, je vois, avec les anges qui consolent Jeanne d'Arc, les saints et les saintes qui ont gardé son âme, et qui viennent maintenant l'emporter dans les cieux... Un dernier cri s'élève, et tout est consommé ! *Consummatum est !*

Nation ennemie de la France, vous pleurez. Ah ! puissent ces larmes racheter votre crime. A l'instar des soldats qui descendaient du Calvaire en confessant la divinité de Jésus-Christ : « Nous sommes perdus, s'écrie l'Anglais, car nous avons fait mourir une sainte. » Ils le sentent, ils le disent, et, pour se soustraire à leur destinée, ils veulent qu'il ne reste pas de Jeanne d'Arc la moindre relique. Le feu s'est refusé à détruire son cœur, et ce noble cœur est jeté dans les flots. N'importe, il reviendra battre contre les deux rivages de la Seine, depuis Rouen jusqu'à Paris, tant que Rouen et Paris ne seront pas rentrés sous la bannière de la France. Il battra aux portes de Calais, jusqu'à ce qu'on y voie flotter la bannière d'Orléans, et que du haut de leur falaise superbe ces insulaires puissent lire dans ses plis la prophétie de Jeanne : « Les Anglais seront boutés hors de France. »

Mais, après la confusion de l'Angleterre et la délivrance de la France, il reste à donner aux maisons royales qui gouvernent ces deux nations une grande et terrible leçon. La justice de Dieu s'exerce sur les rois comme sur les peuples, à des distances incalculables aux regards mortels. Tout se paie ici-bas, et les comptes que Dieu demande aux princes ne s'apurent qu'à la longue dans les conseils de la sagesse éternelle. Des trois échafauds dressés à Rouen sur la place du Vieux-Marché, l'un fut le bûcher de Jeanne; les deux autres étaient, ce jour-là, comme des trônes pour l'évêque français qui l'avait livrée, pour les princes anglais qui la faisaient mourir. Deux siècles et demi après le supplice de Jeanne, un des échafauds de Rouen sera dressé, dans un autre appareil, sur la place de Westminster, et le dernier héritier des Tudors et des Stuarts y tombera sous la hache, déclarant qu'il meurt en honnête homme et en chrétien. Ce sera la gloire de Charles Ier de mourir comme Jeanne d'Arc ; ce sera la honte de la politique de l'avoir fait mourir. Mais quatre siècles après, le troisième échafaud de Rouen sera relevé à Paris; une autre victime royale y sera conduite : ce sera Louis XVI, le plus honnête homme de son royaume, le prince le plus chrétien de son siècle. Ce sera la gloire de Louis XVI de mourir comme Jeanne d'Arc ; ce sera la honte de la politique de l'avoir fait mourir. O politique ! combien de fois n'as-tu pas été trouvée en désaccord avec la justice ! Toutes les fois que les rois en ont été cause, leurs successeurs, même innocents, en seront les victimes. Ainsi jugera le Seigneur dans sa miséricorde et dans sa justice ; ainsi le juste continue à payer pour le coupable ; ainsi le sang de l'agneau continue à racheter les nations.

Que l'oreille des peuples aussi bien que celle des rois s'accoutume à entendre la vérité. Disons-leur, après leur avoir lu ces trois pages de notre histoire, à quel prix la France peut vivre dans la lumière, combattre avec gloire et se racheter encore. La foi, le courage, le sacrifice, voilà les trois conditions de sa vie, de sa grandeur et de sa durée. Ces conditions ont été faites à nos rois ; les magistratures élues par la nation ne sauraient s'y soustraire.

C'est la foi de Jeanne qui a éclairé la France. Jeanne a vu ; elle a cru, et c'est parce qu'elle a cru qu'elle a parlé. Elle a cru à l'ange qui l'appelait, aux saintes qui venaient l'entretenir, à Marie dont elle parait les autels, à Jésus dont le nom fut son cri de guerre. Elle a cru à sa mission, et c'est pourquoi elle a su la remplir. Et vous aussi vous avez reçu de Dieu une mission sainte. Vous avez la foi de Jeanne d'Arc à garder, à sauver, à glorifier devant les hommes. C'est maintenant qu'il faut rendre gloire à Dieu, car on le blasphème et on l'ignore ; maintenant qu'il faut invoquer Jésus, car on raille sa doctrine et sa puissance ; implorer Marie, car son culte et ses blanches couleurs irritent les méchants ; appeler à votre aide les anges et les saints, car la bataille s'engage, plus vive que jamais, entre les géants qui veulent escalader les cieux pour en chasser le Seigneur, et les pauvres, les petits, les humbles, derniers clients du Christ, tous désarmés, depuis le Pape qu'on a dépouillé, jusqu'au prêtre et au religieux qu'on veut proscrire aujourd'hui.

C'est le courage de Jeanne qui a relevé la France. Mais Jeanne, en animant tout le monde à faire son devoir, n'a dispensé personne de prendre la lance, de chevaucher, de courir à l'ennemi et de se battre. Mais après le supplice de Jeanne, il a fallu vingt ans d'efforts pour achever son ouvrage. A l'ouvrage donc, enfants de la France. N'êtes-vous pas tous aujourd'hui soldats pour la servir, et le Français qui sert sa patrie tarde-t-il beaucoup à devenir un héros? Vous voulez tous une France grande, généreuse, héroïque ; faites-la chrétienne avant tout, et ne vous offensez pas qu'elle prie avant la bataille. Il n'y a de victoire assurée et bienfaisante que celle que Dieu donne à la prière des braves. Il n'y a de cause vraiment patriotique que celle où triomphent la justice et l'honneur.

C'est le sacrifice de Jeanne qui a racheté la France. Ah! ce sacrifice qu'offrit une fille du peuple au XVe siècle, laissez-le donc se renouveler au XIXe pour la racheter encore. Les crimes surabondent et débordent de toutes parts; laissez-nous donc des croix pour les pleurer, des victimes pour en laver la souillure.

Cette croix de douleur, de pénitence et d'expiation, le prêtre la trouve à l'autel, le religieux dans sa cellule ou dans son école, la vierge dans vos prisons, dans vos ateliers, dans vos hospices.

Ces victimes, qui expient et qui sauvent, ce sont les martyrs volontaires du dévoûment et de l'abnégation. Ils passent, vaillants et radieux, à travers les injures; ils montent, le pardon aux lèvres, à l'échafaud que l'impiété leur dresse tous les jours; tous les jours ils désarment le ciel, et la foudre allumée sur nos têtes s'éteint dans leurs larmes, comme autrefois les larmes de Jeanne ont suffi pour apaiser le courroux du ciel.

Mais quoi! on craint que la croix ne se multiplie, quand on multiplie les lieux de plaisir et de débauche! Il y a trop d'asiles pour la prière quand le blasphème trouve tant d'échos! Et quand l'armée de l'orgueil, de la cupidité, de la licence, se précipite en aveugle et roule, d'abîme en abîme, dans les dernières profondeurs du mal, on s'étonne que l'armée du dévoûment et du sacrifice se recrute de quelques nobles cœurs pour pleurer, prier, gémir et mourir à la peine! Est-ce que la France, cette terre de Jeanne d'Arc, ne supporterait plus d'être instruite, encouragée, animée au devoir et rachetée de l'esclavage par la pénitence, le jeûne, le cilice, le martyre de la vie parfaite? Ah! s'il fallait quitter un jour ce sol bien-aimé, elle sortirait de la patrie sans la maudire, cette élite de la France chrétienne, cette troupe de vierges et de religieux qui s'immole sans gloire, pour notre bonheur, sur le bûcher de la vertu; elle emporterait sur la terre d'exil l'autel de ses expiations et de ses sacrifices ; mais c'est pour la France qu'elle y monterait encore ; c'est la France qu'elle servirait loin d'elle ; c'est la grâce de la France qu'elle obtiendrait pour nous, et leur retour serait, comme la réhabilitation de Jeanne d'Arc, le signe que la lumière revient, que l'aveuglement cesse, qu'il y aura encore, pour la France apaisée, des jours de prospérité, de grandeur et de gloire.

Ainsi soit-il.

Orléans, imprimerie de Georges Jacob, cloître Saint-Étienne, 4.

12

LISTE

DES

PANÉGYRISTES DE JEANNE D'ARC

DONT LES DISCOURS ONT ÉTÉ IMPRIMÉS

MM. Barthélemy de Beauregard, 1850 et 1853.
Baunard, 1868.
Berland, 1845.
Bernard, 1875.
Bernet, 1806 et 1817.
Besson, 1880.
Bougaud, 1865.
Chevojon, 1859.
Colas, 1766.
Deguerry, 1828 et 1856.
Desbrosses, 1861.
Dupanloup, 1855 et 1869.
Feutrier, 1821 et 1823.
Frayssinous, 1819.
Freppel, 1861 et 1867.
Géry (de), 1779.
Gillis, 1857.
Girod, 1826.

MM. Hulst (d'), 1876.
Lagrange, 1866.
Le Courtier, 1830.
Léman (A.), 1874.
Léman (J.), 1873.
Loiseau, 1764.
Longin, 1825.
Marolles (de), 1759 et 1760.
Mermillod, 1863.
Monsabré, 1877.
Morisset, 1829.
Pataud, 1805 et 1811.
Perraud, 1872.
Pie, 1844.
Place (de), 1858.
Rouquette, 1878.
Thomas, 1864.
Turinaz, 1879.

La librairie H. HERLUISON, se charge de fournir ces brochures.

Orléans, imprimerie de Georges JACOB, cloître Saint-Étienne, 4.

www.ingramcontent.com/pod-product-compliance
Lightning Source LLC
Chambersburg PA
CBHW060723050426
42451CB00010B/1602